W0308034

Mosel TAPAS

Maria Gietzen (Hg.)

LEINPFAD VERLAG

© Leinpfad Verlag
3. Auflage Winter 2020

Alle Rechte, auch diejenigen der Übersetzung, vorbehalten.
Kein Teil dieses Buches darf in irgendeiner Form (Druck, Fotokopie, Mikrofilm oder ein anderes Verfahren) ohne die schriftliche Genehmigung des Leinpfad Verlages reproduziert oder unter Verwendung elektronischer Systeme verarbeitet, vervielfältigt oder verbreitet werden.

Umschlag: kosa-design, Ingelheim
Fotos: David Hall, Nidderau
Layout: Leinpfad Verlag, Ingelheim

Leinpfad Verlag, Leinpfad 5, 55218 Ingelheim,
Tel. 06132/8369, Fax: 896951
E-Mail: info@leinpfadverlag.de
www.leinpfadverlag.com

ISBN 978-3-945782-13-2

Inhalt

Vorwort

Kochen Sie gerne?

Dann sind wir scharf auf Ihre Rezepte! Nein, nicht auf alle Rezepte, sondern nur auf ganz bestimmte: Wir suchen Rezepte für die sogenannten Tapas, also für kleine Gerichte, Fingerfood und Snacks, die zum Beispiel gut zur Weinprobe passen oder – mehrere kombiniert – auch als Vorspeise Spaß machen. Wichtig ist allerdings, dass Sie frische Zutaten aus der Region und regionale Spezialitäten verwenden und so aus den spanischen Tapas bodenständige Mosel-Tapas machen.

Das war der Text der Ausschreibung, mit der der Leinpfad Verlag um Tapas-Rezepte gebeten hat. Die schönsten, besten, überraschendsten 53 Rezepte für Mosel-Tapas hat Maria Gietzen in das vorliegende Buch aufgenommen.

Zunächst aber: Was sind eigentlich Tapas?

Im Spanischen bedeutet Tapas Deckel oder Abdeckung: Die Tapas wurden in den Bodegas auf Sherry- oder Weingläser gelegt, um zu verhindern, dass die allgegenwärtigen Fliegen hineinfallen. Beschwert wurde so eine Scheibe Weißbrot mit etwas Schinken, Käse oder mit Oliven. In dieser unkomplizierten Form waren die Tapas lange eine kostenlose Beigabe zum Getränk. Dann aber wurden die Brotscheiben immer aufwendiger belegt, entwickelten sich zu eigenständigen Gerichten und schufen eine eigene Ess- und Ausgehkultur: Wenn es abends kühl geworden ist, trifft man sich mit Freunden und zieht von Bar zu Bar. Im Stehen trinkt man einen Schluck Wein und isst dazu als Kleinigkeit die eine oder andere Tapa, denn man möchte ja noch vier bis fünf weitere Bars besuchen.

Kein Wunder, dass diese Tapas-Kultur, die so leichthändig Genuss und Geselligkeit verbindet, mühelos den Sprung auch in nördlichere Regionen geschafft hat und besonders in Weingegenden begeistert aufgegriffen und abgewandelt wurde.

Der besondere Reiz der Tapas hat mehrere Gründe: In unseren Augen sind dies erstens das Kleine und Verspielte. Es ist zweitens der Witz der Serie, genauer: derjenige der seriellen Präsentation. Weiterhin besteht ihr Charme in der regionalen Abwandlung und dies alles zusammen bedingt einen ganz hohen Genussfaktor.

Das Kleine und Verspielte

Drei Minifrikadellen machen einfach mehr Spaß als eine große Bulette. Hinzu kommt, dass es inzwischen im Handel geradezu puppenstubenhaftes Geschirr gibt, das die Winzigkeit der Häppchen betont: Kleine Tapasteller, quadratisch, länglich, oval, Schieferplatten in verschiedenen Formen, Suppenterrinen in Miniaturform für all die Salsas, Pestos, Dips, Saucen und und und!

Der Witz der Serie

Nichts gegen eine normale Portion Flammkuchen, serviert auf einem riesigen Holzbrett! Aber eine Reihe von Mini-Flammkuchen auf je einer quadratischen Schieferplatte sehen einfach – mal ganz abgesehen von den wechselnden Belägen, die damit möglich sind –

witziger aus! Ähnlich ist es mit einem Lachstatar, das in einem Miniweckglas serviert wird. Und wer sich schon einmal an einem Tapas-Büffet bedient hat, weiß, wie unendlich reizvoll der Anblick von reihenweise aufgebauten kleinen Gläsern ist.

Der Charme der regionalen Abwandlung

Wer hätte früher jemals Kartoffeln und schwarze Oliven zusammengebracht?!? Jetzt aber ist man begeistert von einer Kartoffeltortilla mit Oliven, von Crostini mit Ricotta-Champignons und von einer Pannacotta mit Basilikum. Man röstet wie wild Brotscheiben, um sie dann als Crostini oder Bruschetta mit den raffiniertesten Aufstrichen zu toppen! Zum Beispiel mit einem Feldsalat-Pesto. Nicht nur weil es schmeckt, sondern auch weil man Kreativität und Witz bewundert, mit denen klassische südliche Gerichte bodenständig variiert werden

Der ganz hohe Genussfaktor

Denn die Winzigkeit der Portionen ermöglicht es, drei und mehr Tapas zu probieren ohne gleich satt zu sein. Was den Genuss ebenfalls erhöht: der Wein und die Geselligkeit. Tapas isst man nicht jeden Tag, sondern wenn man Gäste hat oder selbst Gast ist. Und so wie man von den Tapas nur kleine Portionen probiert, könnte man sich dazu auch den Wein in kleinen Gläsern servieren lassen. Deshalb unser Tipp: Zu Tapas nur 0,1-Gläser mit Wein! Dann kann man auch mit den Weinen ein bisschen experimentieren, denn natürlich schmeckt nicht jede Rebsorte zu allen Tapas gleich gut.

Wir haben uns darum bemüht, Ihnen den Umgang mit unseren Rezepten möglichst leicht zu machen. Entsprechend der jeweiligen Hauptzutat haben wir sie in fünf Kapitel eingeteilt: Tapas mit Käse, mit Fleisch & Wurst, mit Fisch, mit Gemüse und die süße Tapas finden Sie unter Tapas mit Zucker. Die Verwendung weiterer wichtiger Zutaten lässt sich über das Register (S. 114) erschließen.
Praktisch: Viele Tapas lassen sich gut vorbereiten oder sogar einfrieren. Das haben wir auch jeweils bei den Rezepten vermerkt.
Danken möchten wir allen Rezepteinreicherinnen und -einreichern, die uns ihre Tapas-Rezepte zur Verfügung gestellt haben: Die Qualität und die Vielfalt der Rezepte haben uns begeistert!

Nun bleibt uns nur noch, Ihnen beim Ausprobieren viel Vergnügen zu wünschen!

Maria Gietzen und Angelika Schulz-Parthu
(Redaktion Kochen & Wein, Leinpfad Verlag)

TAPAS
mit Käse

Flammkuchen ist ein Klassiker – gerade in Weinregionen. Hier eine durch den Ziegenkäse sehr typische Moselvariante.

Mini-Flammkuchen mit Ziegenkäse, Rosmarin und Thymian

6 Portionen I gut vorzubereiten

Für den Teig:
200 g Mehl
2 EL Öl
125 ml Wasser
½ TL Salz

Für den Belag:
200 g Schmand
je 1 TL frischer Rosmarin und Thymian
Salz, Pfeffer

60 g Ziegenkäse
100 g rote Zwiebeln
1 TL Honig

Aus den angegebenen Zutaten den Flammkuchenteig herstellen, gut durchkneten, in Klarsichtfolie packen und 2 Stunden kühl stellen.
Für den Belag den Schmand mit den fein gehackten Kräutern verrühren, mit Salz und Pfeffer abschmecken.
Den Teig dünn ausrollen, den Schmand auftragen. Ziegenkäse und die in Streifen geschnittenen roten Zwiebeln auf dem Schmand verteilen. Den Flammkuchen bei 220° C (Gas Stufe 5, Umluft 200° C) 15 – 20 Minuten backen, bis der Rand schön braun ist und der Käse anfängt zu zerlaufen. Nach dem Backen den flüssigen Honig über den Käse geben oder separat servieren.

Markus Reis, Zeltinger Hof, Zeltingen-Rachtig

Tipp: Mit fertigem Flammkuchenteig aus dem Kühlregal gehts noch schneller!

Der „Geroppte“ verdankt seinen Namen der Zubereitungsart: Der Brie wird zerrupft = geroppt.

„Geroppter“ Käse

10 Portionen | gut vorzubereiten | Blitzrezept

200 g Brie
80 g Butter
1 Schalotte
200 g Frischkäse
100 ml Sahne
2 EL Schnittlauchröllchen
5 EL trockener Riesling
Salz, Pfeffer
einige Weintrauben
Weiß- oder Roggenbrot

Den Brie klein schneiden, bzw. mit 2 Gabeln zerrupfen, die Schalotte fein würfeln, die Butter zerlassen. Alles mit dem Frischkäse, der Sahne, dem Schnittlauch und dem Wein verrühren, mit Salz und Pfeffer abschmecken und ca. eine Stunde kalt stellen.
Auf 10 Weckgläschen verteilen und mit Weiß- oder Roggenbrot und einigen Trauben servieren.

Tipp: Viele mögen den „Geroppten“ besonders gerne, wenn er einen Tag durchgezogen ist.

Gabriele Borchert, Moselhof, Ediger

Geht schnell, sieht super aus und schmeckt gut:

Mini-Quiches mit Ziegenkäse

24 Portionen I Blitzrezept

1 Rolle Blätterteig, ca. 250 g aus dem Kühlregal
Öl für die Form
200 g Mini Ziegenrolle (entweder Frischkäse oder Weichkäse)
2 EL Honig
3 EL Pinienkerne
frischer Thymian

1 Backform für Mini-Quiches oder 1 Muffinform

Den Backofen auf 210° C (Gas Stufe 4, Umluft 190° C) vorheizen.
Mit einem Glas gleichmäßig runde Taler aus dem Blätterteig ausstechen, der Durchmesser sollte etwas größer sein als die Mulden der Muffinform. Die Mulden mit Öl auspinseln. Den Ziegenkäse in dünne Scheiben schneiden, etwa 3 – 5 mm dick. Zuerst die Blätterteigtaler in die Mulden legen, darauf je eine Scheibe Ziegenkäse, darüber den Thymian und ein paar Pinienkerne streuen, mit Honig beträufeln und 15 Minuten backen.

Esther Dahm, Wein & Wohngut Paulushof, Pünderich

Tolle Farbigkeit mit Frische und Biss:

Gefüllte Chicoréeschiffchen

8 Portionen I leicht vorzubereiten I Blitzrezept

125 g Ziegenfrischkäse
125 g Frischkäse
100 g Walnüsse
2 EL trockener Riesling
1 Handvoll glatte Petersilie
Kräutersalz, Pfeffer
8 Chicoréeblätter
8 Walnusshälften als Deko
8 Kirschtomaten als Deko

Die beiden Frischkäsesorten mit einer Gabel gut vermischen. Die klein gehackten Walnüsse, den Riesling und die gehackte Petersilie unterrühren, mit Kräutersalz und frisch gemahlenem Pfeffer abschmecken. Die geputzten Chicoréeblätter mit je 2 TL Käsemasse füllen. In die Mitte eine halbe Walnuss sowie daneben jeweils eine halbierte Kirschtomate garnieren.

Iris Franzen, Weingut Reinhold Franzen, Bremm

Der erdige Geschmack der Roten Bete wird vom Ziegenkäse perfekt ergänzt. Der Thymianhohig ist das I-Tüpfelchen.

Ziegenkäse auf marinierter Roter Bete

8 Portionen I gut vorzubereiten I Blitzrezept

1 Bio-Orange
5 – 6 Zweige Thymian
1 EL flüssiger Honig
2 EL Balsamico
1 TL Meerrettich aus dem Glas
2 – 3 EL Traubenkernöl
Salz, Pfeffer
1 TL brauner Zucker
250 g Rote Bete (gekocht, vakuumverpackt)
8 Ziegentaler à 30 g

Eine halbe Orange auspressen, 1 EL Saft abnehmen und mit den klein gehackten Thymianblättern und dem Honig mischen.
Für die Vinaigrette den restlichen Orangensaft, Balsamico, Meerrettich, etwas Orangen-Abrieb und Traubenkernöl verrühren. Mit Salz, Pfeffer und Zucker abschmecken. Die Rote Bete zunächst in Scheiben schneiden, dann in Würfelchen. Die Bete mit der Vinaigrette mischen und kurz im Kühlschrank marinieren.
Auf einem Finger-Food-Löffel oder in ein kleines Weckglas etwa 1 – 2 EL Bete setzen, den Ziegentaler daraufgeben. Zum Schluss mit etwas Thymian-Honig beträufeln.
Dazu passt Baguette.

Esther Dahm, Wein & Wohngut Paulushof, Pünderich

Dreierlei Spundekäs

8 Portionen I gut vorzubereiten I Blitzrezept

Mit Paprika
100 g Frischkäse
125 g Sahnequark 40 %
1 kleine Zwiebel fein gehackt (ca. 1 – 2 TL)
2 TL Paprika edelsüß, gestrichen
Salz

Alle Zutaten mit dem Handmixer verrühren und mit den Gewürzen abschmecken, kalt stellen.

Mit Schnittlauch
100 g Frischkäse
125 g Sahnequark 40 %
1 kleine Schalotte fein gehackt (ca. 1 TL)
2 EL Schnittlauchröllchen
Pfeffer, Salz

Alle Zutaten mit dem Handmixer verrühren und mit den Gewürzen abschmecken, kalt stellen.

Von der Ziege
100 g Ziegenfrischkäse
4 EL Holunderblütensirup
Salz

Den Frischkäse mit dem Holunderblütensirup verrühren, mit Salz abschmecken, dann kalt stellen.

4 – 5 Laugenstangen

Zum Servieren die Laugenstangen in dünne Scheiben schneiden. Mit 2 Teelöffeln aus dem Spundekäs kleine Nocken formen und auf die Laugenscheiben oder in Porzellanlöffel setzen, mit Paprikapulver, Schnittlauch oder frischen Holunderblüten servieren.

Petra Müller, Weingut Müller, Müden

Gratinierter Ziegenkäse auf Apfelscheiben

12 Portionen I gut vorzubereiten I Blitzrezept

3 Äpfel (Boskop oder Rubinette)
Pfeffer
1 Zweig Rosmarin
200 g Ziegenrolle
8 Walnusshälften
2 EL Honig

Die Äpfel waschen und das Kerngehäuse ausstechen. In ca. 1 cm dicke Scheiben schneiden. Die Apfelscheiben auf ein Backblech mit Backpapier legen. Mit schwarzem Pfeffer aus der Mühle und fein gehacktem Rosmarin bestreuen. Jeweils eine Ziegenkäsescheibe, 1 cm dick, und 2 Walnusshälften daraufgeben. Im Backofen auf der unteren Schiene 10 Minuten bei 180° C (Gas Stufe 3, Umluft 160° C) backen, dann mit Honig toppen und in wenigen Minuten goldbraun werden lassen.

Martina Engelmann-Hermen, Weingut Hermen, Trittenheim

Feigen mit Ziegenkäse

8 Portionen I gut vorzubereiten I Blitzrezept

8 frische Feigen
200 g Ziegen-Hartkäse
grüner Pfeffer
rosa Pfefferbeeren
4 EL Honig

Die Feigen abspülen und vorsichtig trocken tupfen. Von oben bis kurz vor dem runden, unteren Ende kreuzweise tief einschneiden und etwas auseinanderdrücken. Den Käse grob raspeln und in die Feigen geben. Die Feigen in eine ofenfeste Form setzen und unter dem vorgeheizten Grill etwa 5 Minuten überbacken, bis der Käse geschmolzen ist. Zerdrückten grünen Pfeffer und rosa Pfefferbeeren darüberstreuen, etwas Honig über den Käse träufeln und noch heiß servieren.

Iris Franzen, Weingut Reinhold Franzen, Bremm

Dieser Rote-Bete-Aufstrich sollte nie ausgehen ...

Ziegenkäsetaler mit Rote-Bete-Aufstrich

20 Portionen I gut vorzubereiten I Blitzrezept

10 Scheiben Vollkorntoast
20 Ziegenkäsetaler à 30 g
Rote-Bete-Aufstrich

Das Toastbrot im Toaster rösten und pro Scheibe 2 kleine Kreise ausstechen. Die Käsetaler daraufsetzen und den Rote-Bete-Aufstrich großzügig darauf verteilen.

Rote-Bete-Aufstrich

2 kleine Einmachgläschen à 300 ml

100 g Sonnenblumenkerne
400 g gegarte Rote Bete (gekocht, vakuumverpackt)
3 TL Weinbergpfirsichessig
1 TL Salz
10 TL Meerrettich (aus dem Glas)
2 EL Limettensaft

Die Sonnenblumenkerne in einer trockenen Pfanne rösten, die Rote Bete in Stücke schneiden, dann mit den anderen Zutaten fein pürieren.
Der Aufstrich hält sich im Kühlschrank ca. 5 Tage.

Iris Franzen, Weingut Reinhold Franzen, Bremm

Zucchini-Schafskäsewürfel

6 Portionen I gut vorzubereiten I Blitzrezept

3 mitteldicke Zucchini
2 – 3 EL Olivenöl
2 Scheiben Schafskäse, ca 1,5 cm dick
etwas Thymian zum Bestreuen
2 Knoblauchzehen
Salz, Pfeffer

Zucchini in ca. 1,5 cm dicke Rädchen schneiden, ganz kurz von beiden Seiten in einer Pfanne mit etwas Öl anbraten, die Zucchini sollten noch bissfest sein, auf Küchenkrepp abtropfen lassen. Danach die Scheiben dicht an dicht in eine gefettete Auflaufform legen und auf jede Scheibe einen Schafskäsewürfel setzen, mit etwas Thymian bestreuen, mit durchgepresstem Knoblauch würzen, leicht salzen und pfeffern. Bei 220° C (Gas Stufe 4, Umluft 200° C) im Backofen oder unter dem Grill überbacken, bis der Schafskäse leicht braun ist. Aus dem Ofen nehmen und etwas abkühlen lassen. Die Häppchen mit einem Zahnstocher fixieren und auf eine Platte setzen.

Cornelia Heymann, Weingut Heymann-Loewenstein, Winningen

Harzer Käsesalat mit Bärlauch

8 Portionen I gut vorzubereiten I Blitzrezept

200 g Harzer Käse
200 g rote Paprika
100 g Gewürzgurken aus dem Glas
1 Zwiebel
1 EL Weißweinessig
2 EL Rapsöl
1 TL Kräutersalz
¼ TL Pfeffer
5 Blatt frischer Bärlauch

Harzer Käse, Paprika und Gurken klein schneiden. Die Zwiebel sehr fein hacken und mit Essig, Öl, Salz und Pfeffer verrühren. Den Bärlauch in feine Streifen schneiden, alles gut miteinander vermischen und durchziehen lassen.

Iris Franzen, Weingut Reinhold Franzen, Bremm

Ricotta-Körbchen

24 Portionen

Öl für die Form
4 Eier
200 g Frischkäse
200 g Ricotta
12 Scheiben Sandwichtoast
4 EL frische Gartenkräuter (Basilikum, Petersilie, Schnittlauch oder/und Estragon)
12 Kirschtomaten
Salz, Pfeffer
Worcestersoße
Tabasco

Eine Muffinform mit Öl auspinseln. Eier, Frischkäse und Ricotta in der Küchenmaschine verrühren. Die Kräuter fein hacken, dazugeben und alles kräftig würzen. Die Toastscheiben entrinden und mit einem Nudelholz platt rollen. Danach alle Scheiben jeweils von einer Ecke bis in die Mitte einschneiden, überlappend eindrehen und in die Mulde des Muffinblechs drücken. Jedes Körbchen zu ¾ mit dem Eiergemisch füllen, je eine Kirschtomate daraufsetzen. Bei 190° C (Gas Stufe 3, Umluft 170° C) 20 Minuten im Ofen backen.
Die Törtchen können lauwarm oder kalt serviert werden.

Esther Dahm, Wein & Wohngut Paulushof, Pünderich

TAPAS
mit Fleisch & Wurst

Himmel und Erd – eigentlich ein Hauptgericht aus Kartoffeln (Erd) und Äpfeln (Himmel). Hier wird es in der rheinländischen Version mit gewürfelten Kartoffeln und nach dem Tapas-Prinzip im Glas serviert.

Himmel und Erd im Glas

8 Portionen I gut vorzubereiten I Blitzrezept

Für den Salat:
2 kleine Kartoffeln, ca. 150 g
2 EL Sonnenblumenöl
1 Schalotte oder 1 kleine Zwiebel
175 g geräucherte Blutwurst
1 kleiner rotbackiger Apfel, ca. 150 g
Salz, Pfeffer
frische Majoranblättchen als Deko

Für das Dressing:
1 EL Sonnenblumenöl
1 EL Apfelessig
2 EL trockener Riesling
1 – 2 TL Riesling-Senf, grob

Die Zutaten für das Dressing miteinander verrühren.
Für den Salat die geschälten Kartoffeln würfeln und in 2 EL Sonnenblumenöl gar dünsten, leicht salzen. Zum Schluss die gewürfelte Schalotte mit dünsten. Blutwurst und Apfel in gleich große Würfel schneiden (ca. ½ cm Länge) und mit den Kartoffeln und dem Dressing mischen. Auf 8 Gläschen verteilen und mit je einem Majoranzweig garnieren.

Petra Müller, Weingut Müller, Müden

Rinderroulade mit warmem Kartoffel-Traubensalat

12 Portionen | gut vorzubereiten

200 g Kartoffeln
30 g Schalotten
100 ml Fleischbrühe
100 g weiße Trauben, kernlos
1 TL Schnittlauchröllchen
4 Scheiben Rumpsteak à 50 g
4 Scheiben Schinken
1 EL Rieslingsenf
Salz, Pfeffer
Öl zum Anbraten

Kartoffeln und Schalotten fein würfeln und in Öl anbraten, mit Salz und Pfeffer würzen, mit Fleischbrühe ablöschen und bei geringer Temperatur garen, bis die Kartoffeln bissfest sind. Die gewaschenen Trauben vierteln und zusammen mit dem Schnittlauch zu den Kartoffeln geben, vorsichtig unterrühren.

Die Rumpsteaks zwischen Klarsichtfolie legen und vorsichtig plattieren, dünn mit Rieslingsenf bestreichen, mit Schinken belegen, aufrollen und mit einem Rouladenspieß fixieren. In einer Pfanne mit wenig Öl anbraten und für ca. 4 Minuten bei 90° C (Gas Stufe 1, Umluft 80° C) nachgaren.

Den Spieß aus jeder Roulade ziehen, die Rouladen in Scheiben schneiden, jede Scheibe mit einem Zahnstocher fixieren und zusammen mit einem Esslöffel warmen Kartoffel-Traubensalat servieren.

Peter Munzel, Restaurant „Zum Eichamt", Zell-Merl

Wildschweinschinken-Röllchen auf Fenchel-Orangensalat

12 Portionen | gut vorzubereiten | Blitzrezept

3 Fenchelknollen
4 Orangen
3 TL Quittengelee
1 EL weißer Balsamicoessig
1 TL Salz
etwas Pfeffer
12 Scheiben Wildschweinschinken (ersatzweise luftgetrockneter roher Schinken)

Die Fenchelknollen waschen, putzen, das Fenchelgrün entfernen, den Strunk herausschneiden. Fenchelstücke sehr fein hacken. 3 Orangen schälen, filetieren, dabei den Saft auffangen, die Filets klein schneiden und zum Fenchel geben. Den Saft einer Orange mit Quittengelee, Essig, Salz, Pfeffer verrühren und mit dem Fenchel-Orangensalat vermischen. Je 2 EL Salat in kleine Schälchen füllen. Die Schinkenscheiben rollen und auf dem Salat fixieren.

Maria Gietzen, Winzerhof Gietzen, Hatzenport

Seit dem Besuch von Queen Elizabeth II 2015 gilt Tafelspitzsülze sozusagen als königliches Tapa – auch ihr wurde sie in Frankfurt mit anderen regionalen Tapas serviert.

Tafelspitzsülze

6 – 8 Portionen I gut vorzubereiten

300 g gekochter Tafelspitz (vom Vortag)
20 g Möhren
20 g Lauch
20 g Sellerie
300 ml Rinderkraftbrühe
3 Blatt Gelatine
50 ml Essig
Salz, Pfeffer
6 – 8 TL Meerrettich aus dem Glas
1 Beet Kresse

Den Tafelspitz und das Gemüse in gleich große Würfel schneiden. Das Gemüse in der Brühe kurz aufkochen, sodass es noch bissfest ist, aus der Brühe nehmen. Die eingeweichte Gelatine darin in der Brühe auflösen, mit Essig, Salz und Pfeffer kräftig abschmecken – die Brühe darf ruhig etwas überwürzt schmecken! Dann in 6 bis 8 Weckgläser à 80 ml die Fleisch- und Gemüsewürfel bunt gemischt einfüllen, mit der Brühe aufgießen. Die Sülze kalt stellen, bis sie fest ist, am besten über Nacht. Mit Meerrettich und etwas Kresse servieren.

Michael Klein, Kleins Fronhof – Weinrestaurant, Winningen

Riesling-Pastetchen

32 Portionen I gut vorzubereiten

2 Rollen frischer Blätterteig (à 270 g, 24 x 40 cm)

Für die Füllung:
250 g Hackfleisch
125 g Kochschinken, fein gewürfelt
120 g Schinkenspeck, fein gewürfelt
1 feingehackte Schalotte
1 Bund Petersilie, fein gehackt
Pfeffer, frisch gemahlen
100 ml Riesling
20 ml Tresterbrand

Mehl für die Arbeitsfläche
2 Eigelb zum Bestreichen
2 Backbleche

Das Hackfleisch mit den Schinkenwürfeln, der fein gehackten Schalotte, gehackter Petersilie, Pfeffer, Riesling und Trester in eine Schüssel geben und gut vermischen.
Die erste Blätterteigplatte samt Backpapier auf der Abeitsplatte auslegen und mit je drei Schnitten in Quer- und in Längsrichtung in 16 Rechtecke teilen. Auf jedes Teigstück ca. 20 g Füllung (knapp 2 TL) geben und von der Längseite her zu einer „Zigarre" aufrollen, die Enden zusammendrücken; mit der zweiten Blätterteigplatte genauso verfahren. Auf mit Backpapier ausgelegte Backbleche legen. Die Eigelbe verquirlen und die Pastetchen damit bestreichen. Ca. 25 Minuten bei 200° C (Gas Stufe 4, 180° C Umluft) backen.
Die Rieslingpastetchen können sowohl heiß oder besser noch kühlschrankkalt (wenn am Vortag zubereitet) serviert werden.

Annette Köwerich, Weingut Nick Köwerich, Leiwen

Traditioneller Speckkuchen

12 Portionen

500 g Mehl
½ TL Salz
250 ml Milch
80 g Zucker
100 g Margarine
1 Würfel frische Hefe, 42 g
1 Ei
200 g geräucherter fetter Speck

Mehl und Salz mischen. Die Milch mit dem Zucker erwärmen, die Margarine kann man direkt dazugeben, damit sie auch flüssig wird. Die Hefe in der Milch auflösen. Die Flüssigkeit zum Mehl geben und mit der Küchenmaschine gut durchkneten. Den Teig an einem warmen Ort mindestens ½ Stunde gehen lassen. Den Teig auf einem gefetteten Backblech ausrollen. Das Ei verquirlen und auf den Teig streichen, die Speckwürfel darüberstreuen und nochmals gehen lassen. Bei 200° C (Gas Stufe 4, Umluft 180° C) in 20 Minuten goldbraun ausbacken. Noch lauwarm in Rauten schneiden und servieren.

Esther Dahm, Wein & Wohngut Paulushof, Pünderich

Herbstlicher Genuss: Marinierte Ochsenbrustscheiben mit einem wunderbar aromatischen Kürbis-Chutney.

Ochsenbrust auf Kürbis-Chutney

10 Portionen I gut vorzubereiten

1 kg Ochsenbrust
Gemüsesud aus so viel Wasser, dass das Fleisch bedeckt ist, und insgesamt 1 kg Gemüse (Lauch, Sellerie, Möhren, gebräunten Zwiebeln), 1 Lorbeerblatt, 1 Nelke

Für die Marinade:
100 ml Traubenkernöl
Ürziger Kräutermischung (je nach Saison Kerbel, Schnittlauch, Petersilie, Thymian)
grüner Pfeffer

Für das Chutney:
500 g Hokkaido-Kürbis
2 Äpfel (säuerliche)
100 g gelbe Paprika
100 g rote Paprika
1 Zwiebel
2 Möhren
4 Trockenpflaumen
250 ml Weißweinessig
200 g Zucker
1 Prise Kardamom
1 Stange Zimt
½ TL Ingwer
evtl. Speisestärke

Die Ochsenbrust am Vortag in dem Gemüsesud ca. 1 Stunde garen und abkühlen lassen.
Aus den Marinadezutaten eine Marinade herstellen, die Ochsenbrust in dünne Scheiben schneiden und ca. 1 Tag marinieren.
Für das Chutney den Kürbis waschen, halbieren, Kerngehäuse entfernen, in Würfel schneiden. Äpfel, Paprika, Zwiebel und Möhren in feine Würfel schneiden. Trockenpflaumen fein hacken. Den Essig aufkochen, alle anderen Zutaten dazugeben, unter ständigem Rühren aufkochen und ca. 50 Minuten köcheln lassen. Sollte zu viel Flüssigkeit im Topf sein, mit etwas Speisestärke andicken. Alles nochmals aufkochen, abschmecken.
Das Chutney ca. 3 mm dick auf flache Teller streichen, die Ochsenbrust in dünne Scheiben schneiden, auf diesem Spiegel verteilen und mit Marinade beträufeln.

Markus Reis, Zeltinger Hof, Zeltingen-Rachtig

Eine bodenständig raffinierte Delikatesse: Der erdige, leicht bittere Geschmack des Feldsalats passt hervorragend zum Rindertatar.

Rindertatar mit Feldsalat-Mousse

4 Portionen

Für die Mousse:
500 g Feldsalat
2 EL Öl
250 ml Geflügelbrühe
250 ml Sahne
Salz, Pfeffer
5 Blatt Gelatine

Für das Tatar:
1 Schalotte
2 EL Kapern
1 kleine Gewürzgurke
200 g Rindertatar
1 EL Rapsöl
Salz, Pfeffer
1 TL Senf

Für die Mousse den Feldsalat putzen, gründlich waschen und in einer großen Pfanne in dem Öl ganz kurzanbraten, er fällt sofort zusammen. Dann pürieren, durch ein feines Sieb passieren und in die heiße Geflügelbrühe geben. Die eingeweichte Gelatine in der Feldsalat-Brühe auflösen, verrühren und abkühlen lassen. Die geschlagene Sahne unterheben, mit Salz und Pfeffer abschmecken, in Gläser füllen und am besten über Nacht in den Kühlschrank stellen.
Für das Tatar Schalotte, Kapern und Gurke fein hacken, unter das Tatar mischen und mit Salz, Pfeffer und Senf abschmecken.

Georg Gerhards, Gerhards Genussgesellschaft, Koblenz

Ein Rezept, das Mosel-Highlights von damals und heute verbindet: Von den Römern stammt das Würzen der Linsen mit Honig, während Wein und Trester zum Fleisch ganz modern sind.

Tresterfleisch auf römischen Linsen

12 Portionen

Für das Fleisch:
3 EL Öl
1 kg Schweinehals
Salz, Pfeffer
2 Zwiebeln
1 EL Tomatenmark
250 ml heller Fond
250 ml Riesling
200 ml Trester
Korianderkörner, Nelke, Lorbeerblatt, Piment, Wacholderbeeren, Senfkörner, Pfefferkörner
Zucker
Speisestärke

Für das Linsengemüse:
1 rote Zwiebel
2 Knoblauchzehen
1 Stange Staudensellerie
1 Karotte
1 EL Butter
250 g Puy Linsen
400 ml Gemüsebrühe
2 – 3 Lorbeerblätter
4 EL Honig
100 g Cocktailtomaten
50 ml Balsamico Bianco
100 g Crème fraîche
2 EL glatte Petersilie, gehackt
Salz, Pfeffer, Zucker

Das Öl in einem Bräter erhitzen, den Schweinehals mit Salz und Pfeffer würzen, anbraten, herausnehmen und beiseitestellen. Die in Streifen geschnittenen Zwiebeln im Bräter anbraten, das Tomatenmark zugeben und verrühren. Mit dem Fond ablöschen, Riesling und Trester zugeben und aufkochen, Fleisch in den Sud einlegen, die restlichen Gewürze sowie Zucker zufügen. Den Bräter in den Backofen stellen und bei 180° C (Gas Stufe 3, Umluft 160° C) ca. 70 – 120 Minuten garen. Das Fleisch aus dem Sud nehmen, warm stellen und den Sud mit etwas Speisestärke binden.
Für die Linsen die Zwiebel würfeln, die Knoblauchzehen schälen und in dünne Scheiben schneiden, den Sellerie und die Karotte in sehr feine Würfel schneiden. Alles zusammen in 1 EL Butter 2 – 5 Minuten lang dünsten. Die Linsen dazugeben und 3 – 4 Minuten mitdünsten. Die Brühe zusammen mit den Lorbeerblättern und dem Honig dazugeben. Bei schwacher Hitze weitergaren. Die Tomaten schälen, fein gehackt dazugeben. Den Balsamicoessig und die Crème fraîche unterheben, kurz aufkochen, die Petersilie unterrühren, mit Salz, Pfeffer und Zucker abschmecken.
Das Fleisch auf den Linsen in einem tiefen Teller oder einem weiten Glas servieren.

Markus Reis, Zeltinger Hof, Zeltingen-Rachtig

„Kappes-Teerdisch", also Sauerkraut mit Kartoffelbrei, ist eine Trierer Spezialität, wird aber hier – zusammen mit einem pikanten Wingertsspieß im Weckgläschen serviert – zum Tapa.

Wingertsspieße mit „Kappes-Teerdisch"

8 Portionen

500 g Schweinefilet am Stück
8 Scheiben Rauchfleisch
8 Zweige Rosmarin
8 Schaschlikspieße
1 Spicknadel

250 g Kartoffeln
50 – 75 ml Milch
1 Schalotte
20 g Butter
70 g Sauerkraut, küchenfertig
Salz, Pfeffer, Muskat
evtl. Röstzwiebeln als Garnitur

Schweinefilet in 8 Medaillons à 60 g schneiden, diese jeweils von beiden Seiten nochmals einschneiden (quer zur Faser), auseinanderklappen und plattieren. Je eine Scheibe Rauchfleisch auflegen und mithilfe einer Schaschliknadel das Schweinefilet wellenförmig auf den Rosmarinzweig stecken.
In der Zwischenzeit die Kartoffeln in Salzwasser garen, die Milch erhitzen. Die Schalotten in Streifen schneiden und in der Butter andünsten, das Sauerkraut zugeben und erhitzen. Die gegarten Kartoffeln mit einer Kartoffelpresse auf das Sauerkraut passieren und mit der erwärmten Milch auf die gewünschte Konsistenz bringen, abschmecken. Schweinefilets von beiden Seiten scharf anbraten, bis zum Anrichten warm stellen.
Das „Kappes Teerdisch" in Gläschen füllen und den Wingertsspieß darauf anrichten, evtl. mit den Röstzwiebeln garnieren.

Stefan Turmann, WeinKulturgut Longen-Schlöder, Longuich

Mini-Frikadellen mit Riesling

8 – 10 Portionen I gut vorzubereiten

60 g Lauchzwiebeln
ca. 2 EL Schalotten
1 Knoblauchzehe
5 EL Raps- oder Sonnenblumenöl
200 g Rinderhack
2 – 3 EL Riesling Auslese
1 Ei
1 TL scharfer Senf
Salz, Pfeffer
Prise Chili

1 – 2 Äpfel
4 EL Riesling
8 – 10 Blatt Friséesalat oder von einem anderen grünen Salat
4 Radieschen
Holzspießchen

Lauchzwiebeln in feinen Röllchen schneiden, Schalotten fein würfeln, in 1 EL Öl andünsten, Knoblauchzehe durchpressen und dazugeben, abkühlen lassen. Hackfleisch mit dem Riesling, dem Ei, der Zwiebelmischung und 1 EL Öl in eine Rührschüssel geben, gut durchkneten, mit Salz, Pfeffer, Chili und Senf kräftig abschmecken. Daraus 8 – 10 kleine Bällchen formen und in der Pfanne im restlichen Öl rundherum anbraten; ca. 10 Minuten bei reduzierter Hitze durchgaren. Bällchen auf Küchenpapier abtropfen lassen.
Die Äpfel in 8 – 10 ca. 5 mm dicke Scheiben schneiden, kurz in Riesling tauchen, abtropfen lassen. Auf jede Apfelscheibe ein Salatblatt, dann ein Hackbällchen legen, mit einem Zahnstocher fixieren und zum Schluss einige Radieschenscheiben fächerförmig oben auf den Spieß drücken.

Renate Willkomm, Bernkastel-Kues

Tolle Kombi: Hähnchenbrust wird mit Schinken und Salbei gebraten, mit Krautsalat und Quittengelee serviert.

Hähnchen-Saltimbocca mit Krautsalat und Quittengelee

4 Portionen

4 Hähnchenbrüste
Salz, Pfeffer
Butterschmalz
8 Scheiben Eifelschinken roh, dünn geschnitten
8 Salbeiblätter

Die Hähnchenbrüste würzen, kurz in Butterschmalz anbraten, herausnehmen und mit je zwei Schinkenscheiben umwickeln, je zwei Salbeiblätter mit einem Zahnstocher darauf feststecken und in Butterschmalz ca. 15 – 20 Minuten langsam braten.

Für den Krautsalat:
500 g Weißkraut
80 ml Traubenkernöl
100 ml Essig
100 g Zucker
1 Zwiebel
½ TL Salz, Pfeffer

Das Weißkraut fein hobeln, die Zwiebeln würfeln. Aus Essig, Öl, Zucker, Salz und Pfeffer einen Sud herstellen, aufkochen und heiß über das Weißkraut gießen. Mindestens 1 Tag ziehen lassen, ab und zu durchkneten. Abschmecken.

Für das Quittengelee:
2 kg Quitten
Wasser
1 Zitrone
1 TL Rum
Gelierzucker

Quitten waschen, vom Pelz befreien, in Würfel schneiden, mit Wasser bedecken und mit der in Scheiben geschnittenen Zitrone und dem Rum weich kochen, durch ein Sieb passieren. Den Saft abmessen: Auf 1 l Saft 1 kg Gelierzucker geben. Die Menge so lange kochen, bis die Gelierprobe erfolgreich ist. Dann in Gläser füllen und luftdicht verschließen.

Die Hähncherbrust fächerförmg aufschneiden und auf dem Krautsalat anrichten. Mit dem Qittengelee servieren.

Markus Reis, Zeltinger Hof, Zeltingen-Rachtig

TAPAS *mit Fisch*

Croquetas, also frittierte Kroketten, sind ein fester Bestandteil der spanischen Küche. Hier bestehen sie aus geräucherten Forellen und werden zu Schmandgurken serviert.

Forellen-Kroketten auf Schmandgurken

20 Portionen I gut vorzubereiten

Für die Forellenkroketten:
100 g geräuchertes Forellenfilet
100 ml Milch
100 ml Sahne
½ Lorbeerblatt
2 Wacholderbeeren, angequetscht
2 Schalotten
30 g Butter
30 g Mehl
Salz, Pfeffer, Muskat
Hartweizengrieß zum Ausstreuen der Form
Mehl, Ei, Paniermehl zum Panieren

Für die Schmandgurken:
400 g Salatgurken
200 ml Schmand
½ Bund Dill
Salz, Pfeffer und Zitrone

Geräuchertes Forellenfilet fein hacken. Milch und Sahne mit Lorbeer und Wacholderbeeren aufkochen. Fein gewürfelte Schalotten in Butter hell anschwitzen, mit Mehl bestäuben und die Milch-Sahne-Mischung durch ein Sieb unter ständigem Rühren nach und nach zugeben. Diese Soße mit Salz, Pfeffer und Muskat abschmecken. Das gehackte Forellenfilet unterheben und die Masse abkühlen lassen. Ein Blech mit Hartweizengrieß bestreuen. Die Forellenmasse mit einem Dressierbeutel in langen Streifen auf das Blech spritzen. Kalt stellen. Ist die Masse völlig ausgekühlt, in ca. 20 gleich große Stücke schneiden und daraus kleine Bällchen formen. Nacheinander in Mehl, verquirltem Ei und Paniermehl wälzen und in 170 Grad heißem Fett backen.
Für die Schmandgurken die Salatgurken schälen, der Länge nach halbieren, entkernen und in kleine Würfel schneiden. Aus Schmand, fein gehacktem Dill, Salz, Pfeffer und Zitronensaft eine Soße herstellen und die Gurken zufügen.
Die gebackenen Forellen-Kroketten in Porzellanlöffeln auf den Schmandgurken oder auf kleinen Tellern anrichten.

Oliver Bell, Schlosshotel Petry, Treis-Karden,

Forellensalat

4 Portionen I gut vorzubereiten I Blitzrezept

2 EL Weinessig
1 TL Meerrettich aus dem Glas
2 EL Sahne
Salz, Pfeffer
1 Apfel
2 geräucherte Forellenfilets
1 Scheibe Bauernbrot
1 EL Schnittlauchröllchen
1 Lauchzwiebel

Essig, Meerrettich, Sahne, Salz und Pfeffer mischen. Vom Apfel das Kerngehäuse entfernen, dann ungeschält in dünne Scheiben und in feine Spalten schneiden. Die Forellenfilets enthäuten, entgräten und in kleinere Stücke schneiden. Das Bauernbrot kurz toasten und in mundgerechte Stücke schneiden. Die Forellenfilets mit den Äpfeln auf dem Brot anrichten und mit dem Meerrettich-Dressing marinieren. Mit dem Schnittlauch und der in Röllchen geschnittenen Lauchzwiebel garnieren.

Harry Brösch, Aparthotel Panorama, Osann-Monzel

Mini-Quiches mit Räucherlachs

24 Portionen I Blitzrezept

1 Rolle Blätterteig, ca. 250 g aus dem Kühlregal
2 Eier
100 ml Milch
Salz, weißer Pfeffer
Muskat
etwa 150 – 180 g Räucherlachs

1 Backform für Mini-Quiches oder 1 Muffinform

Den Backofen auf 210° C (Gas Stufe 4, Umluft 190° C) vorheizen.
Mit einem Glas aus dem Blätterteig gleichmäßig runde Taler ausstechen, der Durchmesser sollte etwas größer sein als die Mulden der Muffinform. Die Mulden mit Öl auspinseln. Die Teigtaler in die Mulden legen und etwas eindrücken. Eier und Milch in einen Mixbecher geben, würzen und verquirlen. Den Lachs in feine Würfel schneiden. In jede Mulde 1 EL Eiermilch und dazu etwa 1 TL Lachswürfelchen setzen, 15 – 17 Minuten backen.

Esther Dahm, Wein & Wohngut Paulushof, Pünderich,

Aal-Mousse

6 Portionen I gut vorzubereiten I Blitzrezept

250 g geräucherter Aal
1 unbehandelte Zitrone
1 Bund Dill
125 g Crème fraîche
2 EL Sahne
frisch gemahlener Pfeffer
1 Döschen Lachskaviar

Den geräucherten Aal zerkleinern und von Gräten befreien. Eine Hälfte der Zitrone in Scheiben schneiden und einige kleine Dillzweige zur Deko zurücklegen. Aal, Crème fraîche, Sahne, Saft einer halben Zitrone, Dill und Pfeffer mit dem Pürierstab zu einer cremigen Mousse verarbeiten. Die Mousse auf kleinen Tellern servieren und mit jeweils einer Scheibe Zitrone, einem kleinen Dillzweig und etwas Lachskaviar dekorieren.

Anjela Wittkowski, Vinoresca, Frankfurt

Schmorgurken mit Räucherforelle

18 Portionen I gut vorzubereiten

3 Salatgurken, ca. 1 kg
100 g Schalotten
1 EL Öl
1 TL Senfsamen
1 TL Bohnenkraut, gerebelt
1 Lorbeerblatt
200 ml Schlagsahne
250 ml Gemüsebrühe
100 ml Milch
30 g Butter
10 g Mehl
Salz, Pfeffer, Zucker
1 – 2 TL Essig
5 große Zweige Dill
6 geräucherte Forellenfilets

Gurken waschen und schälen (dabei immer abwechselnd: einen Streifen schälen, einen Streifen grün lassen). Gurken längs halbieren, Kerne herauskratzen und in Scheiben schneiden. Schalotten abziehen, in Ringe schneiden. Öl erhitzen, Schalotten und Gurken glasig dünsten. Senfsamen, Bohnenkraut, Lorbeerblatt zugeben. Sahne, Brühe und Milch zugeben, 10 Minuten kochen lassen. 10 g Butter mit dem Mehl verkneten, Mehlbutter unter die Gurken rühren, 1 Minute aufkochen.
Vom Dill 18 Blättchen als Deko aufheben, den Rest fein hacken, zu den Gurken geben. Mit Salz und Pfeffer, 1 Prise Zucker und Essig abschmecken.
Die restliche Butter in einer Pfanne zerlassen, Forellenfilets darin schwenken und erwärmen, mit Salz und Pfeffer würzen.
Das Gurkengemüse in breitere Gläser füllen (z. B.: Whiskybecher). Forellenfilets dritteln und auf das Gurkengemüse legen, mit Dillästchen dekorieren.

Ute Kries, Weingut Kries, Dieblich

Die traditionellen Tatarzutaten – Kapern, Zwiebeln, Gurke – passen auch prima zu einem Tatar aus geräucherter Forelle.

Tatar von der Räucherforelle

8 Portionen I gut vorzubereiten I Blitzrezept

125 g geräucherte Forellenfilets
2 EL Meerrettichfrischkäse
1 EL Sahne
1 kleine rote Zwiebel fein hacken
50 g Salatgurke
1 TL Kapern fein hacken
1 EL Kräuter (Dill, Schnittlauch, glatte Petersilie)
4 Scheiben Toastbrot
Dillzweige als Deko

Die Forellenfilets zerpflücken, den Frischkäse mit der Sahne glatt rühren, die Zwiebel fein würfeln, die Gurke entkernen und würfeln, die Kapern und die Kräuter fein hacken. Alles vorsichtig miteinander verrühren. Toastbrot toasten, das Tatar darauf verteilen, dann diagonal in 4 Dreiecke schneiden, mit Dill garnieren.

Petra Müller, Weingut Müller, Müden

Lachskuchen

6 Portionen I gut vorzubereiten I Blitzrezept

türkischer Blätterteig (aus dem Kühlregal), ca. 250 g, 10 Blatt à 25 x 40 cm
60 g Kapern
200 g geräucherter Lachs
200 g Schmand
2 Eier
Saft von 1/2 Zitrone
Salz, Pfeffer

Ein tiefes Backblech mit Backpapier auslegen, die Hälfte des Blätterteigs darauf auslegen. Schmand mit Zitronensaft und Eier verquirlen, mit Salz und Pfeffer abschmecken, ca. zwei Drittel auf den Blätterteig streichen, die abgetropften Kapern auf dem Schmand verteilen, dann großzügig mit dem Lachs belegen und mit dem restlichen Blätterteig bedecken, die Ränder zusammendrücken. Mit der restlichen Eierschmandmischung bestreichen und bei 200° C (Gas Stufe 3, Umluft 160° C) im Backofen ca. 20 – 25 Minuten goldgelb backen.

Simone und Patrick Schenk, Ürzig

Forellen-Mousse auf Thymianbiskuit

12 Portionen

Für den Biskuit:
3 Eier
100 g Mehl
frischer Thymian
Salz

Für den Aspik:
100 ml trockener Weißwein
5 g Aspikpulver, ersatzweise Gelatine

Für die Mousse:
300 g geräucherte Forelle
200 ml Veloute *
100 ml Fischfond
10 Blatt Gelatine
Salz, Pfeffer
Zitronensaft
250 ml Sahne

Für den Thymianbiskuitteig Eigelb und Salz im Wasserbad schaumig schlagen. Eiweiß mit Salz zu Eischnee rühren. Dann die Eigelbmasse mit dem gesiebten Mehl verrühren und den Eischnee mit den Thymianblättchen unterheben. Auf ein mit Backpapier belegtes Backblech streichen, bei 180° C (Gas Stufe 3, Umluft 160° C) 10 Minuten backen.
Für die Forellenmousse die geräucherte Forelle pürieren. Die eingeweichte Gelatine in dem heißen Fischfond auflösen, mit der Veloute und dem Forellenpüree verrühren. Das Ganze durch ein Sieb streichen und abschmecken. Anschließend unter die erkaltete Masse die geschlagene Sahne heben.
Für den Aspik das Aspikpulver bzw. die Gelatine in etwas Wasser einweichen und in dem heißen Wein auflösen.
Zum Schluss die Mousse auf dem Biskuit verteilen, mit dem abgekühlten aber noch nicht festen Aspik vorsichtig begießen und kalt stellen.
Die Forellen-Mousse in Quadrate schneiden und auf Tapas-Tellern oder großen Platten servieren.

Mechthild Weis, Weingut Weis, Mertesdorf/Ruwertal

* aus 20 g Butter, 20 g Mehl mit 250 ml Fischfond, Salz und Pfeffer eine Mehlschwitze herstellen

TAPAS *mit Gemüse*

Eine Tomatenconsommé steckt hier unter einer Kapuze – denn das bedeutet Cappucino – aus Schlagsahne mt Rucola.

Tomaten-Rucola-Cappuccino

6 Portionen I gut vorzubereiten

1 kg Strauchtomaten
2 Knoblauchzehen
4 Zweige Basilikum
400 ml Gemüsebrühe
2 Zucchini
1 EL Öl
Salz, Pfeffer
200 ml Schlagsahne
1 Bund Rucola

Tomaten waschen und in große Würfel schneiden, Knoblauch abziehen, Basilikum waschen, Blätter abzupfen, alles in einen Topf geben. Die Gemüsebrühe, Salz und Pfeffer zugeben, fein pürieren und kurz aufkochen. Ein Sieb mit einem Küchentuch auslegen, Tomatenpüree hineinschütten, gut abtropfen lassen, sodass nur der pure, klare Tomatensaft herausläuft.
Zucchini waschen, putzen und in kleine Würfel schneiden, das Öl in einer Pfanne erhitzen, Zucchiniwürfel anbraten, leicht salzen, auf Küchenpapier abtropfen lassen.
Die Hälfte der Zucchiniwürfel in hitzebeständige Gläser (z. B.: Tee- oder Weckgläser) füllen. Sahne mit etwas Salz und Pfeffer steif schlagen. Die Rauke waschen, trocken schütteln, einige Stiele als Deko aufheben, hacken und unter die Sahne heben.
Den klaren Tomatenfond aufkochen, abschmecken.
Kurz vor dem Servieren den Fond auf die Gläser mit den Zucchiniwürfeln verteilen. Auf die heiße Suppe jeweils 1 – 2 EL Raukesahne und die restlichen Zucchiniwürfel geben, mit Rauke garnieren und sofort servieren.

Ute Kries, Weingut Kries, Dieblich

Vegane Leckerei: pikant gefüllte Gurken.

Gurkenschiffchen

6 Portionen I gut vorzubereiten

6 kleine Schmorgurken, ca. 150 g
20 g Sonnenblumenkerne
1 mittelgroße Zwiebel

Für die Füllung:
2 kleine Kartoffeln
2 EL Sonnenblumenöl
50 ml Riesling, junger Kabinett
30 g Edelkastanienmehl
2 TL Majoran
1 TL roter Pfeffer
1 Prise weißer Pfeffer
1 Prise Bio-Gemüsebrühe
1 Prise Meersalz

Für die Vinaigrette:
2 TL Essig
6 EL Öl
Salz, Pfeffer
2 EL Schnittlauchröllchen

Gurken längs halbieren, das Innere mit einem Teelöffel herausschaben, dabei einen etwa 5 mm breiten Rand stehen lassen. Die Kartoffeln in kleine Würfel schneiden und in dem Öl andünsten. Die ausgeschabte Gurkenmasse in den Mixer geben, zusammen mit den Kartoffeln und den anderen Zutaten für die Füllung mixen, dann in eine beschichtete Pfanne geben. Bei niedriger Temperatur so viel Feuchtigkeit entziehen, bis die Masse „träge" wird. Die Sonnenblumenkerne und die gewürfelte Zwiebel dazugeben und gut verrühren. Sollte die Füllung zu kompakt sein, mit etwas Wein verdünnen. Die Gurkenschiffchen hiermit füllen, auf ein mit Backpapier bedecktes Blech setzen und im auf 160° C (Gas Stufe 3, Umluft 145° C) vorgeheizten Backofen 40 Minuten backen.
Die Zutaten der Vinaigrette gut verrühren, die Gurkenschiffchen damit gleichmäßig beträufeln.
Die Schiffchen können lauwarm oder auch kalt serviert werden.

Mana Binz, Lieser

Eine Tortilla ist in Spanien ein Omelett mit Eiern und Kartoffeln. Wenn Kartoffeln von der Mosel in einer spanischen Tortilla stecken, dann leuchtet das Prinzip der Mosel-Tapas doch sofort ein, oder?

Kartoffeltortilla

8 Portionen I gut vorzubereiten I Blitzrezept

600 g Kartoffeln
5 EL Öl
½ Bund glatte Petersilie
6 Eier
80 ml Milch
Salz, Pfeffer frisch geriebene Muskatnuss
10 schwarze Oliven ohne Kern

Kartoffeln als Pellkartoffeln garen, pellen, vollständig abkühlen lassen. In ½ cm dicke Scheiben schneiden. In 3 EL Öl in einer beschichteten Pfanne unter gelegentlichem Wenden 6 – 8 Minuten goldbraun braten. Petersilienblättchen hacken.
Ofen auf 180° C (Gas Stufe 3, Umluft 160° C) vorheizen. Eier, Milch und Petersilie in einer Schüssel verrühren. Mit Salz, Pfeffer und Muskat würzen. Kartoffeln untermischen. Pfanne mit 2 EL Öl auspinseln. Kartoffel-Ei-Mischung in der Pfanne verteilen.
Im heißen Ofen auf der mittleren Schiene 20 – 25 Minuten stocken lassen. Garprobe mit der Rückseite eines Teelöffels machen: Wenn die Eiermilch noch weich ist, weitere 5 Minuten stocken lassen. Tortilla aus dem Ofen nehmen. Einen großen Teller auf die Pfanne legen, zusammen mit der Pfanne zügig umdrehen und die Tortilla auf den Teller stürzen, mit den gehackten schwarzen Oliven bestreuen.
Die Tortilla in Tortenstücken schneiden und mit Blattsalaten oder in mundgerechten Würfeln mit Holzspießen als Fingerfood servieren. Schmeckt warm oder kalt.

Susanne Barth, Lubentiushof, Niederfell

Vegan zubereitet: Kartoffeln mit aromatischer Füllung und Walnüssen.

Gefüllte Walnuss-Kartoffeln

6 Portionen I gut vorzubereiten

8 kleine Kartoffeln, festkochend, ca. 500 g
1 mittelgroße Zwiebel
20 g Walnüsse
12 schöne Walnusshälften
50 g Karotten
50 ml Sonnenblumenöl

Für die Vinaigrette:
2 TL milder Essig
6 EL Öl
1 EL Wasser
Salz, Pfeffer
2 EL glatte Petersilie

Für die Füllung:
20 ml Mandelmilch (im gut sortierten Supermarkt, im Bioladen)
30 ml Riesling
30 g Grünkernmehl, ersatzweise Dinkelmehl
10 g Amaranth, ersatzweise gemahlene Mandeln
2 TL Majoran
5 g ganze Korianderkörner
1 TL Bio-Gemüsebrühe aus dem Glas
1 Prise weißer Pfeffer
1 Prise Meersalz

Die ungeschälten, gut abgebürsteten Kartoffeln halbgar kochen, zwei Kartoffeln beiseite legen. Die übrigen längs halbieren und aushöhlen, dabei einen schmalen Rand stehen lassen. Die ausgehöhlte Kartoffelmasse plus die zwei anderen Kartoffeln in den Mixer geben und zusammen mit den restlichen Zutaten für die Füllung mixen. Diese Füllmasse in eine Rührschüssel geben. Die geraspelten Karotten, die sehr fein gehackten Walnüsse, die gewürfelte Zwiebel zusammen mit dem Sonnenblumenöl unter die Füllung rühren und 30 Minuten ruhen lassen.
Dann die Kartoffelhälften füllen, je eine Walnusshälfte in die Mitte drücken, auf ein mit Backpapier bedecktes Blech setzen und im auf 160° C (Gas Stufe 3, Umluft 145° C) vorgeheizten Backofen 60 Minuten backen.
Die Zutaten für die Vinaigrette verrühren und damit die Walnuss-Kartoffeln beträufeln.
Die gefüllten Kartoffeln können lauwarm serviert werden oder kalt wie Fingerfood aus der Hand gegessen werden

Mana Binz, Lieser

Pannacotta bedeutet gekochte Sahne und man kennt sie meist als süßen Nachtisch – hier in einer salzigen Version.

Basilikum Pannacotta

16 Portionen I gut vorzubereiten I Blitzrezept

2 Blatt weiße Gelatine
200 ml Schlagsahne
1 Knoblauchzehe
Salz
Pfeffer
1 TL abgeriebene Schale von 1 Bio-Zitrone
1 Bund Basilikum (100 g)
150 g cremiger Ziegenfrischkäse (z. B. Chavroux)

Gelatine in kaltem Wasser einweichen. Sahne ca. 5 Minuten kochen lassen. Gelatine darin auflösen. Mit Salz, Pfeffer und Zitronenschale würzen. Abkühlen lassen.
Basilikum waschen, trocken schütteln und die Blättchen abzupfen. Ziegenkäse und die Hälfte des Basilikums in die Sahne geben und pürieren. Durch ein feines Sieb streichen. 4 kleine Tassen oder Soufflèförmchen kalt ausspülen, Pannacotta-Masse einfüllen. Im Kühlschrank mindestens 2 Stunden fest werden lassen.
Förmchen kurz in heißes Wasser tauchen, Rand lösen. Pannacotta vierteln, jedes Viertel auf einen Tapas-Teller setzen und mit Babyblattsalat, mit Paprikawürfelchen und/oder gerösteten Pinienkernen servieren.

Susanne Barth, Lubentiushof, Niederfell

Beste Fusion-Küche, die nicht nur toll aussieht, sondern auch noch wunderbar schmeckt: Im Rösti stecken Süßkartoffeln und Ingwer, serviert wird es mit Korianderpesto.

Süßkartoffel-Rösti mit Ingwer und Korianderpesto

20 Portionen | gut vorzubereiten

Für die Rösti
400 g Süßkartoffeln, evtl. beim Gemüsehändler vorbestellen
3 Frühlingszwiebeln
1 walnussgroßes Stück Ingwer
1 EL Korianderblätter
1 Ei
1 EL Mehl
etwas Salz
etwas Pfeffer
Sonnenblumenöl zum Braten

Für das Pesto
15 g Korianderblätter
1 Frühlingszwiebel
20 g Sonnenblumenkerne
4 EL Olivenöl
50 g geriebener Parmesankäse
etwas Salz

Für die Garnitur
120 g Crème fraîche

Die Süßkartoffeln schälen, in Salzwasser aufkochen und 5 Minuten garen. Abgießen, abkühlen lassen und grob raspeln. Frühlingszwiebeln klein hacken, Ingwer schälen und sehr klein würfeln. Korianderblätter klein hacken. Kartoffelraspel, Frühlingszwiebeln, Ei, Mehl, Ingwer, Koriander mischen, mit Salz und Pfeffer würzen. Öl in einer Pfanne erhitzen. Aus der Kartoffelmasse kleine flache Küchlein formen, in die Pfanne setzen, etwas flach drücken und von jeder Seite bei nicht zu großer Hitze goldbraun braten.

Korianderblätter, Frühlingszwiebeln, Sonnenblumenkerne sehr fein hacken, mit dem Olivenöl und dem Parmesan verrühren, mit Salz abschmecken.

Die Rösti auf Küchenpapier abtropfen lassen, mit je 1 TL Crème fraîche belegen, darauf ½ TL Korianderpesto setzen.

Maria Gietzen, Winzerhof Gietzen, Hatzenport

Kartoffelsalat

6 Portionen

500 g Kartoffeln
2 Karotten, ca. 100 g
½ Knolle Sellerie, ca. 100 g
1 Gemüsezwiebel
250 ml Gemüsebrühe
1 kleiner Bund Liebstöckel
Salz, Pfeffer aus der Mühle
60 g Butter
100 ml Weinessig
1 kleiner Bund glatte Petersilie

Die Kartoffeln schälen, waschen, in Scheiben schneiden und blanchieren.
Die Karotten, den Sellerie und die Zwiebel schälen und klein schneiden. Die Gemüsebrühe mit dem Liebstöckel auf ca. ¼ einkochen, das Gemüse dazugeben, kurz aufkochen und evtl. mit Salz und Pfeffer abschmecken.
Die Kartoffeln mit etwas Butter in einer Pfanne erhitzen, mit dem Essig ablöschen und kurz einkochen lassen. Anschließend die Gemüsebrühe mit dem Gemüse dazugeben. Den lauwarmen Kartoffelsalat mit gehackter Petersilie in kleinen Schälchen anrichten.

Harry Brösch, Aparthotel Panorama, Osann-Monzel

Maronensüppchen im Glas

10 Portionen I gut vorzubereiten

30 g Butter
400 g Maronen, geschält
2 Schalotten, gewürfelt
100 ml Winzersekt
600 ml Hühnerbrühe, ersatzweise Gemüsebrühe
500 ml Sahne
40 g kalte Butter
4 cl Noilly Prat
Salz, Pfeffer

Butter in einem Topf zerlassen und Maronen anbraten. 20 Stück als Garnitur zur Seite stellen, warm stellen und je 2 auf einen Spieß aufstechen. Schalottenwürfel zugeben, glasig dünsten, mit dem Sekt ablöschen und mit Brühe auffüllen; das Ganze auf 1/3 einkochen lassen und mit dem Schneidstab pürieren. Sahne zugeben, nochmals erhitzen, kalte Butter und Noilly Prat mit dem Pürierstab einrühren, mit Salz und Pfeffer abschmecken.
Die Suppe vor dem Servieren eventuell schaumig aufmixen. Gläschen zu 2/3 füllen und die Maronenspieße als Garnitur anlegen.

Stefan Turmann, WeinKulturgut Longen-Schlöder, Longuich

Die italienische Variante eines Gemüseomeletts ist die Frittata: Verquirlte Eier stocken im Ofen mit geraspeltem Kürbis und Parmesan.

Kürbisfrittata

8 Portionen I gut vorzubereiten

600 g Hokkaido-Kürbis
2 Zwiebeln
1 Zweig Rosmarin
1 EL Öl
1 Knoblauchzehe
4 Eier
3 EL Milch
4 EL Parmesan, gerieben
2 EL Parmesan, geraspelt
Salz, Pfeffer

Die Kerne aus dem Kürbis schaben, das Fleisch raspeln, die Zwiebeln würfeln. Rosmarinnadeln hacken.
Das Öl in einer beschichteten Pfanne (18 cm Ø) erhitzen, Kürbis und Rosmarin darin 2 Minuten anbraten. Knoblauchzehe dazupressen, 1 Minute mitbraten. Salzen und pfeffern.
Eier, Milch und geriebenen Parmesan verquirlen und salzen. Gleichmäßig über dem Gemüse verteilen. Den Pfannenstiel evtl. mit Alufolie umwickeln und die Masse im vorgeheizten Ofen bei 200° C (Gas Stufe 3, Umluft 180° C) auf der mittleren Schiene 15 Minuten backen.
Frittata auf einen Teller stürzen, noch mal wenden und in Tortenstücke schneiden. Mit etwas geraspeltem Parmesan bestreut servieren.

Tipp: Diese Frittata schmeckt auch super mit Zucchini statt Kürbis.

Julia Weckbecker, Weingut Josef Weckbecker, Moselkern

Weiß, rot, grün: knackiger Sommersalat.

Spargel-Zuckerschoten-Salat mit Weinberg-pfirsich-Vinaigrette

8 Portionen

500 g weißer oder grüner Spargel
200 g Zuckerschoten
2 EL Rapsöl
250 g Kirschtomaten
1 Zwiebel

Für die Vinaigrette:
20 g roter Weinbergpfirsichgelee
30 g Rapsöl
20 g Weißweinessig
1 EL Honig
1 TL scharfer Senf
1 TL Kräutersalz
Pfeffer

Den Backofen auf 230° C (Gas Stufe 4, Umluft 210° C) vorheizen.
Den weißen Spargel schälen, beim grünen Spargel die Enden großzügig abschneiden. Eine große Auflaufform etwas einölen und die Spargelstangen nebeneinander verteilen. Die Zuckerschoten putzen und halbieren, neben dem Spargel anordnen, beides mit einem Pinsel gleichmäßig mit dem restlichen Öl bestreichen und leicht salzen. Im vorgeheizten Backofen 10 Minuten garen. Abkühlen lassen und den Spargel in mundgerechte Stücke schneiden.
Für die Vinaigrette alle Zutaten gut vermischen. Die klein gehackte Zwiebel, die halbierten Kirschtomaten, die Zuckerschoten und den Spargel hinzugeben und verrühren. In kleinen Gläschen anrichten.

Tipp: Wer Spargel und Zuckerschoten lieber weicher haben möchte, verlängert die Backofenzeit etwas.

Iris Franzen, Weingut Reinhold Franzen, Bremm

TAPAS
mit Brot

Geröstete Brotscheiben, bestrichen mit einem Pesto, das statt mit Basilikum aus Mausohr (so nennt man an der Mosel den wilden Feldsalat) gemixt wurde.

Crostini mit Mausohr-Pesto

ca. 20 Portionen I gut vorzubereiten I Blitzrezept

150 g (gut!) geputzter Feldsalat
2 Knoblauchzehen
2 EL Walnüsse, gehackt
20 g geriebener Parmesan
125 ml Olivenöl
1 Baguette
ca. 20 Walnusshäften

Den Feldsalat putzen, gründlich waschen, trocken schleudern und in eine schmale hohe Rührschüssel geben. Knoblauchzehen dazupressen, Walnüsse, Parmesan dazugeben und pürieren, dabei das Öl nach und nach beifügen, mit Salz und Pfeffer abschmecken.
Den Backofen auf 200° C (Gas Stufe 4, Umluft 180° C) vorheizen. Das Baguette in ca. 2 cm dicke Scheiben schneiden, auf ein Backblech legen und im Ofen rösten. Herausnehmen und mit dem Pesto bestreichen, mit einer halben Walnuss dekorieren.

Tipp 1: Das Pesto kann am Vortag zubereitet werden.
Tipp 2: Feldsalatpesto passt natürlich bestens zur Pasta, schmeckt aber auch hervorragend zu einer Kartoffelsuppe.

Maria Gietzen, Winzerhof Gietzen, Hatzenport

Pikante Walnussbrötchen

12 Portionen I gut vorzubereiten I Blitzrezept

1 Packung mit 6 Aufbackbrötchen
100 g gekochter Schinken
100 g Walnüsse
200 ml Sahne
150 g Schinkenwürfel von rohem Schinken
100 g geriebener Käse
1 EL Pizzagewürz
Salz, Pfeffer
Muskat

Den Backofen auf 200° C (Gas Stufe 4, Umluft 180° C) vorheizen.
Aufbackbrötchen aufschneiden und die Hälften auf ein Backblech legen, den gekochten Schinken in kleine Würfel schneiden, die Walnüsse grob hacken, die Sahne steif schlagen.
Unter die Sahne nacheinander die Würfel der beiden Schinkensorten, die Walnüsse, den Käse und das Pizzagewürz rühren, mit Salz, Pfeffer und geriebener Muskatnuss abschmecken. Diese Masse dick auf die Brötchen streichen und ca. 10 Minuten backen. Schmeckt warm am besten.

Christa Jüngling, Weingut Paulinshof, Kesten

Intensiver Champignongeschmack garantiert, getoppt vom Trüffelöl:

Crostini mit Ricotta-Champignons und Trüffelöl

18 Portionen I gut vorzubereiten I Blitzrezept

20 g Butter
2 Schalotten
500 g Champignons
200 g Ricotta
3 EL gehackte Petersilie
2 EL Sonnenblumenkerne
Salz, Pfeffer
wenig Trüffelöl
18 Scheiben Ciabatta oder Baguette
Olivenöl

Butter erhitzen, die gewürfelten Schalotten zugeben und glasig werden lassen. Die Champignons in feine Würfel schneiden, zu den Schalotten geben und ca. 5 Minuten dünsten, bis die Flüssigkeit verdampft ist. Ricotta, Petersilie, Sonnenblumenkerne zugeben. Mit Salz, Pfeffer und wenig Trüffelöl abschmecken.
Dünne Brotscheiben mit Olivenöl bepinseln und im Backofen bei 220° C (Gas Stufe 5, Umluft 200° C) ca. 5 Minuten rösten, die Champignonmasse daraufstreichen.
Schmeckt kalt oder warm.

Jean-Pierre Marais, Kobern-Gondorf

Sieht aus wie Mett, besteht aber in Wahrheit aus Reiswaffeln, die in Tomatensaft eingeweicht wurden. Gewürzt wird mit allem, was ein gutes Mett ausmacht – ein Knaller!

Vegane Metthäppchen

12 Portionen

100 g Reiswaffeln natur
3 mittelgroße Zwiebeln
300 ml Tomatensaft
4 EL Pflanzenöl
40 g Tomatenmark
1 TL scharfer Senf
1 TL Paprika edelsüß
1 Prise Chili
1 Knoblauchzehe
Salz, Pfeffer
Olivenöl
½ Bund Schnittlauchröllchen
6 Scheiben Roggenbrot

Die Reiswaffeln grob in einer Rührschüssel zerbröseln, mit dem Tomatensaft übergießen und ½ Stunde ziehen lassen. Die Zwiebeln fein würfeln, zwei Drittel in 1 EL Öl leicht anschwitzen, abkühlen lassen. Die restlichen Zwiebelwürfel beiseitestellen.
Die gedünsteten Zwiebeln, Tomatenmark, Öl, Senf, Paprika, Chili, die durchgepresste Knoblauchzehe zu den Reiswaffeln geben und mit dem Handmixer gut vermengen. Bei Bedarf noch etwas Tomatensaft hinzufügen. Mit Salz und Pfeffer abschmecken. Einige Stunden abgedeckt ziehen lassen und noch mal kräftig durchrühren.
Roggenbrotscheiben rösten, das vegane Mett daraufstreichen, die Scheiben halbieren und mit Zwiebelwürfeln und Schnittlauchröllchen garniert servieren.

Tipp: Sagen Sie Ihren Gästen vor dem ersten Probieren nicht, woraus dieses „Mett" besteht ...

Renate Willkomm, Bernkastel-Kues

Toll zum Apero: geröstete Weißbrotscheiben mit Olivenpaste.

Crostini mit Olivenpaste

10 – 12 Portionen

4 Zwiebeln
4 – 5 EL Olivenöl
200 g grüne entsteinte Oliven
4 Knoblauchzehen
10 EL Tomatenmark
Salz, Pfeffer
Kräuter der Provence
10 – 12 Scheiben Baguette

Zwiebeln fein hacken und in Olivenöl andünsten, dann die gewürfelten Oliven unter kräftigem Rühren dazugeben. Die gehackten Knoblauchzehen, Tomatenmark unterrühren, mit Pfeffer, Salz und Kräutern der Provence würzen, aufkochen, dann die Olivenpaste pürieren.
Bei Bedarf noch etwas Olivenöl zugeben, um die Paste streichfähig zu machen, mit Salz und Pfeffer abschmecken.

Tipp: In Gläser gefüllt und die Oberfläche mit Olivenöl bedeckt, hält sich die Olivenpaste ca. 2 Wochen im Kühlschrank.

Simone und Patrick Schenk, Ürzig

Crostini mit Rotwein-Apfel-Butter

ca. 15 Portionen

2 Äpfel, ca. 250 g
200 g Butter
2 EL Zucker
400 ml Spätburgunder

15 Scheiben Ciabatta oder Baguette
1 Knoblauchzehe angedrückt mit Schale
je 1 Zweig Rosmarin und Thymian
Olivenöl zum Braten
Salz, Pfeffer
1 Apfel

Die Äpfel schälen, Kerngehäuse entfernen und würfeln. Apfelwürfel mit Zucker in 50 g Butter leicht karamellisieren, mit Rotwein ablöschen und sirupartig einkochen, abkühlen lassen. Restliche Butter mit dem Apfel-Rotweinsirup schaumig aufschlagen, kalt stellen.
Olivenöl mit der Knoblauchzehe, Rosmarin- und Thymianzweig in einer Pfanne erhitzen, die Brotscheiben darin von beiden Seiten anrösten, auf Küchenkrepp abtropfen lassen. Den Apfel mit Schale in dünne Scheiben hobeln.
Brotscheiben mit Rotweinbutter bestreichen und mit den dünnen Apfelscheiben garnieren.

Stefan Turmann, WeinKulturgut Longen-Schlöder, Longuich

TAPAS
mit Zucker

Göttlicher Nachtisch: Viel Schlagsahne mit etwas Espresso, parfümiert mit Cognac.

Espresso-Mousse mit Weinbergfrüchten

12 Portionen

Für die Mousse:
4 Blatt Gelatine
120 g Zucker
100 ml Wasser
2 – 3 TL löslicher Espresso
5 cl Cognac
500 ml Sahne

Die Gelatine in etwas kaltem Wasser einweichen.
Den Zucker in das kochende Wasser geben und 2 Minuten köcheln lassen, den löslichen Espresso zugeben, die eingeweichte Gelatine ausdrücken und unterrühren. Den Cognac unterrühren, abkühlen lassen. Die geschlagene Sahne unterheben und die Mousse 2 – 3 Stunden in den Kühlschrank stellen.

Für die Früchte:
150 g weiße Trauben
150 g blaue Trauben
4 eingelegte Weinbergpfirsiche
4 Feigen
50 cl Traubensaft
1 cl Trester
12 Blatt frische Pfefferminze zum Garnieren

Die Trauben halbieren und entkernen, die Pfirsiche und die Feigen in Stücke schneiden. Alle Früchte mit Traubensaft und Trester mischen und kalt stellen.
Zum Anrichten die Espresso-Mousse in Gläschen füllen, die Früchtekomposition darüberschichten, mit einem Minzeblatt dekorieren.

Maria Gietzen, Winzerhof Gietzen, Hatzenport

Gebrannte Creme vom alten Trester

18 Portionen

450 ml Sahne
125 g dunkle Kuvertüre
6 Eigelb
40 g Zucker
50 ml alter Trester
etwas brauner Zucker

Sahne zum Kochen bringen, vom Herd nehmen und die Kuvertüre darin auflösen. Eigelb und Zucker cremig rühren, bis der Zucker sich aufgelöst hat. Die Sahne-Schoko-Mischung im dünnen Strahl zu der Ei-Zucker-Mischung rühren, das Ganze mit altem Trester parfümieren. Dann in Weckgläser einfüllen und ca. 45 Minuten bei konstanten 98° C (Gas Stufe 1, Umluft 90° C) im Ofen stocken lassen. Kurz vor dem Servieren mit braunem Zucker bestreuen und mit einem Gasbrenner vorsichtig abflammen.
Serviert mit einem Espresso ein echter Genuss!

Michael Klein, Kleins Fronhof – Weinrestaurant, Winningen

Tarantella-Pfirsiche

8 Portionen

4 frische Pfirsiche (ersatzweise Dosen-Pfirsiche)
Sambal oelek oder Harissa
8 Kugeln Vanilleeis

Die Pfirsiche halbieren, den Stein entfernen, auf ein mit Backpapier ausgelegtes Blech setzen und in die Höhlung einen Klecks Harrissa oder Sambal oelek geben. Im vorgeheizten Backofen bei 180° C (Gas Stufe 3, Umluft 160° C) ca. 10 Minuten überbacken. Oder mit 2 EL Rapsöl in einer Pfanne bei kleiner Flamme 5 Minuten dünsten.
Die scharfen Pfirsiche in eine Papiermuffinform setzen und zusammen mit einer Kugel Vanilleeis servieren.

Tipp 1: Am schönsten ist es natürlich, wenn man für dieses Rezept Weinbergpfirsiche bekommen kann.
Tipp 2: Die scharfen Pfirsiche schmecken auch gut zu Fleisch.

Monika Paus und Andrea Alexander, Hatzenport

Apfel am Stiel

8 Portionen

2 – 3 Äpfel
3 – 4 Zimtstangen

Für den Ausbackteig:
20 g Stärke
70 g Mehl
1 Msp. Zimt
150 ml kaltes Mineralwasser
Öl zum Ausbacken

Für die Soße:
100 g Mascarpone
30 g Puderzucker
4 – 6 EL Milch
½ TL Zimt
Puderzucker zum Bestäuben

Je nach Größe der Äpfel, 3 – 4 Scheiben aus einem geschälten entkernten Apfel schneiden. Die Zimtstangen längs teilen, sodass 2 – 3 dünnere Zimtstangen entstehen. Die Zimtstangen lolliähnlich in die Apfelscheiben stecken.
Für den Ausbackteig alle Zutaten verquirlen. Die Apfelspalten in den Teig tauchen und im heißen Öl ausbacken.
Für die Soße Mascarpone, Puderzucker, Milch und Zimt vermixen, bis eine cremige Soße entsteht. Die Apfel-Lollis mit der Soße in einem Gläschen anrichten und mit Puderzucker bestäuben.

Stefan Turmann, WeinKulturgut Longen-Schlöder, Longuich

Feigen werden in Bierteig ausgebacken und in Zimtzucker gewälzt, die Rieslingsabayon macht das Vergnügen perfekt.

Gebackene Feigen mit Rieslingschaum

6 Portionen | schmecken heiß am besten

Für den Bierteig:
3 Eier
1 Prise Salz
½ l Bier
250 g Mehl

Für den Zimt-Zucker:
100 g Zucker
1 Msp. Zimt

Für den Rieslingschaum:
4 Eigelb
2 EL Zucker
500 ml Riesling

Außerdem: 12 Feigen, 3 EL Mehl, 250 ml Öl

Für den Bierteig die Eier trennen. Eiweiß steif schlagen. Eigelb mit Salz und Bier in einer Rührschüssel verquirlen und löffelweise das Mehl unterschlagen. Eischnee unterheben.
Den Zucker mit dem Zimt in einer kleinen Schüssel vermischen.
Für den Rieslingschaum die Zutaten in eine Metallschüssel geben und im heißen Wasserbad mit dem Schneebesen so lange schlagen, bis die Masse schaumig ist.
Die Feigen unterhalb des Stiels rundherum leicht einschneiden und die Haut abziehen.
Öl in einem kleinen hohen Topf erhitzen.
Das Mehl in eine kleine Schüssel geben und die Feigen darin wenden. Anschließend am Stiel fassen und in den Bierteig tauchen, bis sie rundherum damit bedeckt sind. Feigen in dem heißen Fett nacheinander goldbraun ausbacken. Nicht zu dunkel werden lassen, sonst wird der Teig bitter. Aus dem Fett nehmen und sofort im Zimt-Zucker wälzen. Den übrig gebliebenen Teig löffelweise in das heiße Fett geben und ebenfalls ausbacken. Auch in Zimt-Zucker wälzen.

Tipp: Die gebackenen Feigen passen auch wunderbar zu Vanilleeis.

Angelika Schulz-Parthu, Leinpfad Verlag, Ingelheim

Register

Leinpfad Verlag – Bücher mit Terroir.

Verona Kerl u. Roland Morgen:

Trier zu Fuß.

17 Spaziergänge zu den schönsten und bedeutendsten Sehenswürdigkeiten

Touren führen in das römische, mittelalterliche und jüdische Trier, zu Kirchen und Klöstern, zu Karl Marx, acht Trierer Brunnen oder sie stellen Trier als Museumsstadt vor: ein anregender, reich bebilderter Intensivkurs!

ISBN 978-3-937782-90-4, 124 S., 125 Farbfotos, Broschur, 14,90 €, 3. überarbeitete Auflage

Kalle im Wingert. *Von Ausbrechern, einem Lesekönig und verschwundenen Rebläusen*

Das einzige Kinderbuch über die Arbeit von Winzern! Einerseits erzählt „Kalle" eine pfiffige Geschichte, andererseits informiert das Buch genau über den Beruf des Winzers.

Mit Texten von ***Antje Fries*** *und* ***Maike Müller*** *und farbigen Illustrationen von* ***Carolin Klein***

ISBN 978-3-942291-74-3, 32 S., Hardcover, 3. Auflage, 12,90 €,

Uwe Anhäuser:

Vom Druidenstein zum Hunnenring.

80 keltische Bergbefestigungen zwischen Rhein, Mosel, Saar und Vogesen

Die Kelten sind heutzutage mächtig „in". Um ihre Kultur bersser verstehen zu können, legen wir mit ***Vom Druidenstein zum Hunnenring*** ein Standardwerk: vor Eine so vollständige Übersicht der keltischen Fortifikationen wurde noch nie erreicht. Dargestellt werden die 80 hier präsentierten Bergbefestigungen in ihrem Zusammenhang mit den wesentlichen und teils epochal stilprägenden Funden aus der Region an Mittelrhein, Mosel, Saar und Nahe.

ISBN 978-3-945782-36-1, 300 S., Klappenbroschur, 20 €

Sophia Schülke:

Lothringen entdecken. *30 Touren durch Stadt, Land, Wald und am Wasser entlang*

Mit 30 abwechslungsreichen Touren (26 Wanderungen, 4 Radtouren) führt Sophia Schülke zu den schönsten Stellen Lothringens. Mit Infokästen, Karten, Einkehrtipps, Hinweisen auf reizvolle Abstecher, Vorschlägen für Schlechtwetter-Alternativen und einem ausführlichen Serviceteil. *„Wanderer, Radfahrer, kommt ihr nach Lothringen, so vergesst dieses Buch nicht. (...) Man wird nicht müde, ihr Etappe um Etappe zu folgen."* (FAZ, 9.7.2015)

ISBN 978-3-942291-64-4, 184 S., Broschur, 14,90 €

LEINPFAD VERLAG

Leinpfad Verlag. ***Der kleine Verlag mit dem großen regionalen Programm!***

Leinpfad Verlag, Leinpfad 5, 55218 Ingelheim
Tel. 06132/8369, Fax 896951, www.leinpfadverlag.com, info@leinpfadverlag.de

Wir schicken Ihnen gerne unser Programm